LETTRES

A UN ÉLECTEUR

PAR

FRANÇOIS MIGNUCCI

Avocat (à Corte).

BASTIA,

IMPRIMERIE OLLAGNIER.

—

1863.

LETTRES

A UN ÉLECTEUR.

Mon cher Ami,

Vous me demandez mon avis sur la marche à suivre dans les prochaines élections. — Question délicate. — Nous serions encore à Paris que votre demande n'aurait, pour ainsi dire, pas d'objet. A Paris, vous étiez pour l'*abstention*. Vous pensiez « *qu'il fallait laisser le gouvernement s'agiter dans le vide.* » En organisant la conspiration du silence, les électeurs auraient, d'après vous, montré d'une façon éloquente ce qu'ils ne voulaient pas. Mais pour prendre une pareille attitude, il fallait ne pas tenir compte de l'affaissement des consciences, de l'abaissement des caractères, de l'affaiblissement de l'esprit politique. Vous reconnaissez maintenant que ce système est peu praticable dans l'état actuel des choses. C'est donc entendu : nous voterons; mais pour qui?

Je le répète, c'est une question délicate que de savoir pour qui l'on votera en Corse. Ici, le terrain

change. Vous êtes presque obligé de faire table rase
de vos principes et de supprimer le principal élément
d'appréciation. Si le *subjectif* reste — à l'état latent,
— l'*objectif* change. Le critérium n'est plus le même.
Dans notre département, la solution se complique.
Tandis qu'à Paris il vous aurait suffi d'examiner à
quelle idée un homme s'est incarné, et d'avoir pleine
confiance dans l'intelligence des électeurs que ne fait
fléchir aucune considération de personnes, lorsqu'il
s'agit de faire prédominer un principe; ici, il vous faut
de plus examiner les moyens d'action, car ces moyens
d'action faussent quelquefois et détruisent presque toujours la question de principe.

Je vais le prouver.

La Corse est divisée par fractions infinitésimales en
partis. Ces partis n'ont pas pour drapeau une idée,
mais un nom. Pour qu'un candidat puisse réussir,
il faut donc, non qu'il ait une idée, non des principes, — cela est de trop, — mais, ou qu'il soit dési-
gné au choix des électeurs par la bienveillance du
gouvernement, qui met alors au service du candidat
qu'il patronne toute la machine administrative; ou
bien qu'il se crée des commettants par une parenté
nombreuse, ses relations dans le monde, ses brigues,
son entregent, son influence dans les bureaux, et,
quoique promettre et tenir soient deux, par des promesses d'emplois et de faveurs, et même par des
promesses de mariage ! Entre un *intrigant* et un
candidat *agréable,* choisissez.

En réunissant l'une de ces deux conditions, un can-

didat fût-il une nullité relative, voire même une nullité absolue (ceci soit dit sans allusion aucune), est sûr
de réussir. Point n'est besoin de principes.

Observez donc, mon jeune ami, que chaque commune est divisée en clans. Chaque canton en coteries
de familles où vont confluer comme en une embou-
chure commune toutes les camarillas des villages; et
enfin chaque arrondissement en partis qui tiennent
entre leurs mains les ressorts et les fils avec lesquels
de fins Robert-Macaire font jouer les Scapin et les
Mascarille de la comédie politique. Chaque commune
a sa *Junte* qui se relie à la *Consulte* du chef-lieu où se
tiennent, non précédées de *meetings*, mais secrètes,
les *hustings* ou réunions électorales. Ce n'est que le
jour de la lutte que malgré toutes les cabales, les com-
pérages, les manéges, les expédients de toute nature,
les manigances de toute sorte, toutes les menées, les
manœuvres et les pratiques artificieuses, malgré le
savoir-faire et l'habileté des Figaro et des maquignons
de campagne, malgré les pantalonnades des concur-
rents, ce n'est que le jour des Comices que ces clubs
ou coalitions, se changeant en véritables pétaudières,
s'exposent au grand jour. Enfin les Consultes se ratta-
chent elles-mêmes à quatre ou cinq *Diètes* qui ont leur
siége à Paris.

Ainsi donc, dans notre pays, dès que vous avez la
majorité politique, c'est-à-dire l'âge de vingt-et-un
ans, il faut que vous apparteniez à une église quel-
conque. Vous êtes catalogué, classé, sérié dans votre
commune, dans votre canton, dans votre arrondisse-

ment, par chaque parti, comme un vertébré dans une nomenclature. Et vous ne pouvez pas y échapper. Il faut non procéder d'une loi, mais être inféodé à un homme. Si, au lieu de jurer par un nom, vous vous avisiez de jurer par un principe, vous êtes sûr de passer pour un extravagant, à moins que l'on ne vous jette tout de suite à la rivière. Dites que vous êtes pour le droit contre la force ou contre l'injuste, et l'on vous sifflera. Dites que vous êtes *non per il dritto, ma per il torto* (l'injuste), oh! alors :

Les applaudissements partiront de la salle.

On trouvera que vous êtes un homme fin, *entendu,* spirituel. Un homme qui aurait pour but la justice, et pour règle de conduite : que l'intérêt particulier doit être subordonné à l'intérêt général, serait un niais que le dernier des électeurs tiendrait en mépris. Que sommes-nous donc nous autres petits esprits qui revenons du continent auprès des grands politiques qui ont fait leur éducation dans le pays?

Eh quoi! nous dit-on, vous pouvez avoir la protection d'un homme puissant, et loin de la gagner ou de la conserver, vous aimez mieux dire la vérité! Quoi! vous pouvez vous taire et vous aimez mieux parler? Rappelez-vous donc le mot de Fontenelle :

Si j'avais de vérités la main pleine, je m'empresserais de la fermer.

Quoi! vous pouvez vous enrichir, tout accaparer,

trafiquer de tout, oui, de tout, même des choses les plus saintes, et vous vous avisez de réclamer l'égalité! Avez-vous donc oublié le mot du grand ministre Guizot :

Enrichissez-vous ! Enrichissez-vous !

Quoi! vous pouvez trancher, dominer, régner comme un petit hobereau et vous préférez vivre indépendant et isolé? Souvenez-vous donc du vers de Juvénal :

Sic volo, sic jubeo, sit pro ratione voluntas.

Quoi! vous pouvez avoir la satisfaction de voir les gens se déchirer entr'eux, se faire une guerre acharnée sans rime ni raison, se couper réciproquement la semelle sous les pieds, et se causer ainsi le plus grand préjudice, au lieu de s'aider mutuellement; — vous pouvez jouir de cette vue :

Voir le dernier Romain à son dernier soupir,
Vous seul en être cause et mourir de plaisir.

Et vous aimez mieux calmer les haines, les passions, effacer les inimitiés, tarir les vengeances dans leur source, avoir des sentiments humains, généreux! Que n'appliquez-vous plutôt la fameuse maxime romaine :

Divide pro regno?

Quoi! vous avez à votre disposition la dénonciation anonyme et vous lui préférez la discussion libre, franche, courtoise, à visage découvert. Vous voulez contester la justesse de l'aphorisme que Beaumarchais met dans la bouche de Don Basile :

Calomniez, calomniez, il en restera toujours quelque chose.

Allons donc ! *Lascia le donne e studia la matematica.* Laissez-là la politique et allez étudier la philosophie.

En vain, répondrez-vous qu'il vaut mieux faire le bien que le mal ; que l'intérêt public passe avant l'intérêt particulier ; que si personne ne s'occupe des intérêts généraux, la chose publique ira à vau-l'eau ; que si chacun se tait, un seul aura raison contre tous ; que si l'esprit de solidarité se meurt, l'égoïsme envahira et tuera tout. Chansons que tout cela ! L'égoïsme, l'amour-propre, la jalousie qui sont ici les passions dirigeantes et la raison suffisante des choses, vous auront bientôt appris à vos dépens que vous vous êtes gravement trompé.

Enfin, si je vous montrais l'esprit de parti se faufilant partout, empoisonnant tout, altérant tout, formant comme une espèce de franc-maçonnerie dans toutes les manifestations de la vie sociale, dans toutes les branches de la vie administrative ; si je vous montrais le népotisme, la faveur, l'intrigue, se substituant au juste, à l'utile, au vrai ; — et cela pour cause de parti..... — Mais ce que je vous en ai fait connaître dans nos conversations particulières suffit. J'ai voulu les résumer en quelques mots, et je les exprime ici en deux aphorismes laconiques :

1° En Corse la chance de réussir pour un candidat est en *raison directe*, de ses moyens de fortune, de ses relations de famille, de son influence bureaucratique et de son scepticisme politique ;

2° Et en *raison inverse* de la noblesse de ses principes, de la grandeur de ses idées, de la générosité de ses sentiments, de la franchise de son caractère et de la sincérité de ses opinions.

II.

Ne vous désespérez donc pas si vite, mon cher ami. J'avoue que les couleurs du tableau que je vous ai présenté sont un peu trop vives. Il y a des exceptions en tout, et pour ma part je connais de nobles exceptions au personnel que je vous ai peint dans ma dernière lettre. Bien plus, je range d'avance dans ces nobles exceptions tout individu qui croirait se reconnaître dans les portraits que j'ai tracés.

Certes, le niveau du sens politique et du sens moral a considérablement baissé en Corse, comme ailleurs, dans ces dernières années ; mais je n'en ai pas conclu qu'il y avait oblitération complète du sens moral et politique. De nos anciennes luttes nous avons conservé les combinaisons habiles, la stratégie savante dans l'attaque et la défense ; mais vous avouerez que les mobiles qui nous dirigent ne sont plus les mêmes.

Autrefois un homme représentait la haine contre l'étranger foulant le sol national, l'organisation des forces destinées à chasser le Génois, à repousser le Sarrasin, le Pisan, l'Espagnol, l'Allemand, l'Anglais ou le Français. En est-il de même aujourd'hui? Les temps ont changé, c'est vrai. Nous avons d'autres principes que celui de l'indépendance nationale à défendre. Mais où sont les neiges d'antan? Où sont chez nous, qui avions pourtant conquis avant 1789 toutes les libertés, où sont chez nous les hommes qui défendent, revendiquent aujourd'hui la liberté? Avouez que ce ne sont pas les principes qui manquent aux hommes, mais les hommes qui font défaut aux principes. Encore une fois, un homme politique en Corse représente de nos jours, non une idée, mais un intérêt de famille, et l'intérêt de ses partisans ou de ses vassaux.

Faut-il pour cela désespérer de trouver en Corse un homme politique, mais moral, assez dégagé des intérêts de caste, de dynastie, et des passions de parti pour ne plus songer qu'aux questions de liberté, d'égalité et d'indépendance? Non, certes. Je n'en veux pour preuve que les efforts qui se font ici depuis plusieurs années pour fonder un parti libéral dans le sens juste du mot. Il serait trop long de dire les difficultés inouïes que ce parti a rencontrées pour se constituer. Tout lui a fait défaut : les circonstances, les défections indignes, les trahisons odieuses, les persécutions, l'égoïsme. Cependant, et bien que les temps soient durs, ce parti a donné des signes non équivoques de son existence. C'est là un fait qui mérite de fixer l'at-

tention des hommes sérieux, et il y a lieu d'examiner
si nous pouvons désormais compter sur ce parti, ou
s'il faut renoncer à jamais à voir se former en Corse
une *Ligue du bien public,* une association, **un noyau**
d'hommes assez intelligents pour représenter les nobles aspirations, la rectitude de jugement, les tendan-
ces vraiment démocratiques de notre département.

Le temps est venu où il faut que ce parti se décou-
vre, se montre, fasse sa déclaration de principes, se
compte, s'organise ouvertement, loyalement, franchement. Plus d'hésitations, de détours, de faux-fuyants,
et surtout plus de transactions et de compromis avec
les masques politiques. Le jour des élections appro-
che. Que ce parti, s'il existe, de ce côté, comme de
l'autre côté des Monts, expose son *Credo.* Qu'il exprime son opinion sur les questions intérieures, soit
de notre département, soit du pays entier, c'est-à-dire
de la France, ainsi que sur les questions extérieures.
Tant qu'il restera à l'état embryonnaire, à l'état latent, ses manifestations intempestives, loin de servir
la cause de la liberté, ne peuvent que la compromet-
tre. Qu'il arbore franchement et fièrement son drapeau, en face du drapeau des autres fractions de l'o-
pinion, et alors il pourra dire : Je suis, j'existe, je
veux, j'ai ma place au soleil; dorénavant il faudra
compter avec moi.

Mais, je le répète, tant qu'il ne mettra en avant que
des hommes plus pressés de fourrer leur drapeau dans
leur poche que de l'arborer, dès qu'ils se sont fait
élire membres d'un conseil ou d'une assemblée quel-

conque; tant qu'il ne mettra en avant que des hommes de ce calibre et de ce caractère, ce parti, loin de représenter un principe, loin de représenter l'avenir, ne sera que l'image de la stérilité et de l'impuissance.

Si, comme je l'espère, ce parti forme ses comités aux prochaines élections, voici les points sur lesquels il faudra dans notre ville porter son attention. Tout candidat à la Députation qui n'adopterait pas le programme suivant, sauf les modifications de détail, devra, selon moi, être impitoyablement repoussé par nous :

Premièrement. — Pour ce qui est de la Corse, il devra s'engager à demander :

1° L'abolition de toutes les lois d'exception; la loi prohibitive du port d'armes; la loi qui soumet les marchandises importées de Corse en France aux mêmes conditions que les marchandises étrangères venant de l'étranger sur navires étrangers;

2° La réduction de moitié sur le prix de transport des hommes et des marchandises sur les navires de la Compagnie privilégiée qui fait le service entre la Corse et la France;

3° La transformation de tous les ports de la Corse en *ports francs;*

4° L'établissement d'un grand port à Diana;

5° L'établissement d'un chemin de fer, ou tout ou moins d'un système de chemins de fer américains (système Loubat).

Deuxièmement. — Pour ce qui est de la politique *intérieure* de la France :

Il devra s'engager à demander :

L'abolition de toutes les lois d'exception ; l'abrogation de la loi de sûreté générale ; l'abolition du régime d'exception sous lequel se trouvent placées les villes de Paris, Lyon et Marseille, ainsi que l'Algérie et les Colonies ; l'abolition de toutes les lois restrictives de la liberté de la presse, de la liberté de l'imprimerie, de la librairie et du colportage ; de la liberté de conscience et des cultes ; du droit de réunion et d'association.

Il devra aussi s'engager à demander :

La liberté des transports et l'abolition des passeports ; la liberté des échanges ; l'abolition des douanes intérieures, c'est-à-dire des octrois ; la liberté des banques ; l'abolition de la loi qui fixe le taux maximum de l'intérêt. En un mot, la liberté vraie du commerce et de l'industrie.

Il devra s'engager à demander également :

La réduction des dépenses publiques et de l'armée ; l'application sincère du suffrage universel ; la nomination des maires par les électeurs ; la liberté de l'enseignement ; l'instruction primaire gratuite et obligatoire sans laquelle le suffrage universel est un vain mot ; l'augmentation du traitement des instituteurs et institutrices et des membres de l'enseignement secondaire ; l'abolition du concordat et la suppression du budget des cultes ; l'application sincère du principe que tous les Français sont égaux devant la loi, et de son corollaire, c'est-à-dire de l'admissibilité de tous les citoyens sans distinction aux mêmes fonctions,

mais *par la voie du concours ;* la refonte des lois ci-
viles, et la codification du nombre infini des lois spé-
ciales.

Enfin, il devra s'engager à demander :

L'abolition complète du système *protecteur,* le système *prohibitif* ayant été déjà presque entièrement
supprimé; le respect de la propriété ennemie sur terre
et sur mer; la suppression du blocus des ports de
mer; en un mot, la liberté des mers.

Troisièmement. — Et pour ce qui regarde la politique
extérieure.

Il devra s'engager à demander :

L'application sincère du principe de *non-inter-
vention.*

Tel est, à mon avis, le programme que le parti libéral doit exposer en Corse. Ce parti existe-t-il? Et, s'il
existe, a-t-il dans les plis de son drapeau un homme
assez grand par le cœur et l'intelligence, assez haut
placé dans l'estime de ses concitoyens pour avoir
quelques droits à le représenter? Là est toute la
question.

III.

Je vous ai dit, dans ma dernière lettre, quel était
en substance et sans le commenter le programme que
pouvait afficher l'opposition en Corse. La non-accep-
tation de ce programme par le candidat qui viendrait

solliciter nos suffrages doit être regardée par nous comme une cause suffisante d'indignité :

Premièrement, en effet : C'est le seul moyen de répondre dignement et noblement aux paroles sans nom qui parurent il y a six ans dans une profession de foi devenue fameuse, paroles qui resteront dans l'histoire de l'Empire comme la mesure du degré de pression exercée par l'administration sur la conscience des électeurs.

Deuxièmement : C'est encore le seul moyen de répondre d'avance aux professions de foi de ceux qui se contentent d'invoquer les principes de 1789. Cette formule ne nous satisfait pas. Se présenter aux suffrages des électeurs comme candidat de l'opposition avec cette formule banale, c'est vouloir en imposer aux populations, car nous savons que le gouvernement s'est approprié cette même formule et qu'il la prend au rebours comme tant d'autres, par exemple : l'Empire, c'est la paix; la liberté sera le couronnement de l'édifice. — L'Empire, c'est la paix! Vous savez cependant ce que nous avons dépensé pour la guerre! La dette publique, qui était arrivée en 60 ans au chiffre respectacle de trois milliards, a atteint et dépassé en dix ans et depuis 1852, le chiffre plus que respectacle de neuf milliards. Elle a donc triplé! Cela ne nous donne-t-il pas à réfléchir? — Enfin la liberté, loin d'être le couronnement de l'édifice, devrait, en bonne logique, en être la base. Qu'en pensez-vous?

Troisièmement enfin, c'est encore le seul moyen de répondre d'une façon catégorique à ceux qui nous prennent pour des impatients, et qui croient que nous voulons brûler les étapes du progrès. Certes, nul plus que nous n'est partisan de la conciliation progressive de ces deux termes antithétiques : la liberté et l'autorité. Nous savons que la société ne marche pas par secousses et par bonds; que l'art de ménager les transitions constitue toute la sagesse d'un homme d'État vraiment digne de ce nom. Mais sans vouloir réduire le pouvoir central ou exécutif à une faiblesse constitutionnelle, nous pensons qu'il y a nécessité d'engager le gouvernement à cesser de s'ingérer dans les affaires des particuliers, et qu'il y a urgence de diminuer notablement les prérogatives absorbantes de ce Pouvoir qui menace de nous mener à un communisme gouvernemental. En deux mots, ramener le pouvoir exécutif au *Veto suspensif* des anciennes constitutions, après lui avoir enlevé la principale de ses attributions qui est l'initiative des lois; tel est, selon moi, le moyen de nous affranchir de sa tutelle et de prouver que la nation française a atteint la majorité politique et économique.

FRANÇOIS MIGNUCCI.

Corte, le 25 Février 1865.